# 사회는 쉽다!

★초등학교 교과서와 함께 봐요!

사회 3-1  3. 교통과 통신 수단의 변화
사회 4-2  3. 사회 변화와 문화 다양성
         3. 사회의 변화와 문화의 다양성(교학사)

**차례**

## 1 거참, 말이 안 통하네! 의사소통의 뜻과 필요성

호식이의 답답한 하루 · 8  생각과 뜻이 통하는 게 의사소통이야! · 14
사람들은 어떻게 의사소통을 할까? · 16  '아' 다르고 '어' 다르다? · 18
의사소통을 안 하고 살 수 있을까? · 20

더 알아보기 사람들만 의사소통을 할까? · 22
알쏭달쏭 낱말 사전 · 24  도전! 퀴즈 왕 · 26

## 2 의사소통 언제, 어떻게 하니? 의사소통의 목적과 종류

친구와 더 가까워지고 싶다면 · 28  새로운 지식과 정보를 얻고 싶다면 · 30
다른 사람의 생각을 이해하고 싶다면 · 32  나 자신에 대해 잘 알고 싶다면 · 34
의사소통은 세상을 바꾸는 힘이야! · 36

더 알아보기 전 세계와 의사소통한다고? · 38
알쏭달쏭 낱말 사전 · 40  도전! 퀴즈 왕 · 42

## 3 최고의 의사소통 방법을 찾아라! 의사소통 수단의 발달

눈에 보이지 않는 생각을 어떻게 전할까? · 44   말과 글로 생각을 전했어 · 46
인쇄술이 지식과 정보를 널리 퍼뜨렸어 · 48
전화기로 더 빨리 생각을 전하게 되었어 · 50
더 많은 사람들에게, 더 많은 정보를! · 52

더 알아보기 매스 미디어의 친구들 · 54
알쏭달쏭 낱말 사전 · 56  도전! 퀴즈 왕 · 58

## 4 미디어, 민주주의를 지켜 줘! 미디어의 자유와 책임

펜은 칼보다 강하다! · 60   내 생각을 표현할 자유가 있어 · 62
표현의 자유에는 책임이 따라 · 64   언론의 자유와 민주주의는 무슨 관계일까? · 66
미디어가 항상 공정한 건 아니야 · 68   미디어는 잘못된 정보를 주기도 해 · 70
미디어의 사회적 책임 · 72

더 알아보기 언론의 자유를 지키는 단체들 · 74
알쏭달쏭 낱말 사전 · 76  도전! 퀴즈 왕 · 78

## 5 나도 미디어를 만들 수 있을까? 올바른 미디어 활용법

미디어를 만드는 데 힘을 보태 봐 · 80   너만의 미디어를 만들어 봐 · 82
인터넷을 영리하게 활용하는 법 · 84   더 나은 삶을 위한 미디어 · 86

더 알아보기 어디에서 내 생각을 표현해 볼까? · 88
알쏭달쏭 낱말 사전 · 90  도전! 퀴즈 왕 · 92

# ① 거참, 말이 안 통하네!

의사소통의 뜻과 필요성

## 🐝 호식이의 답답한 하루

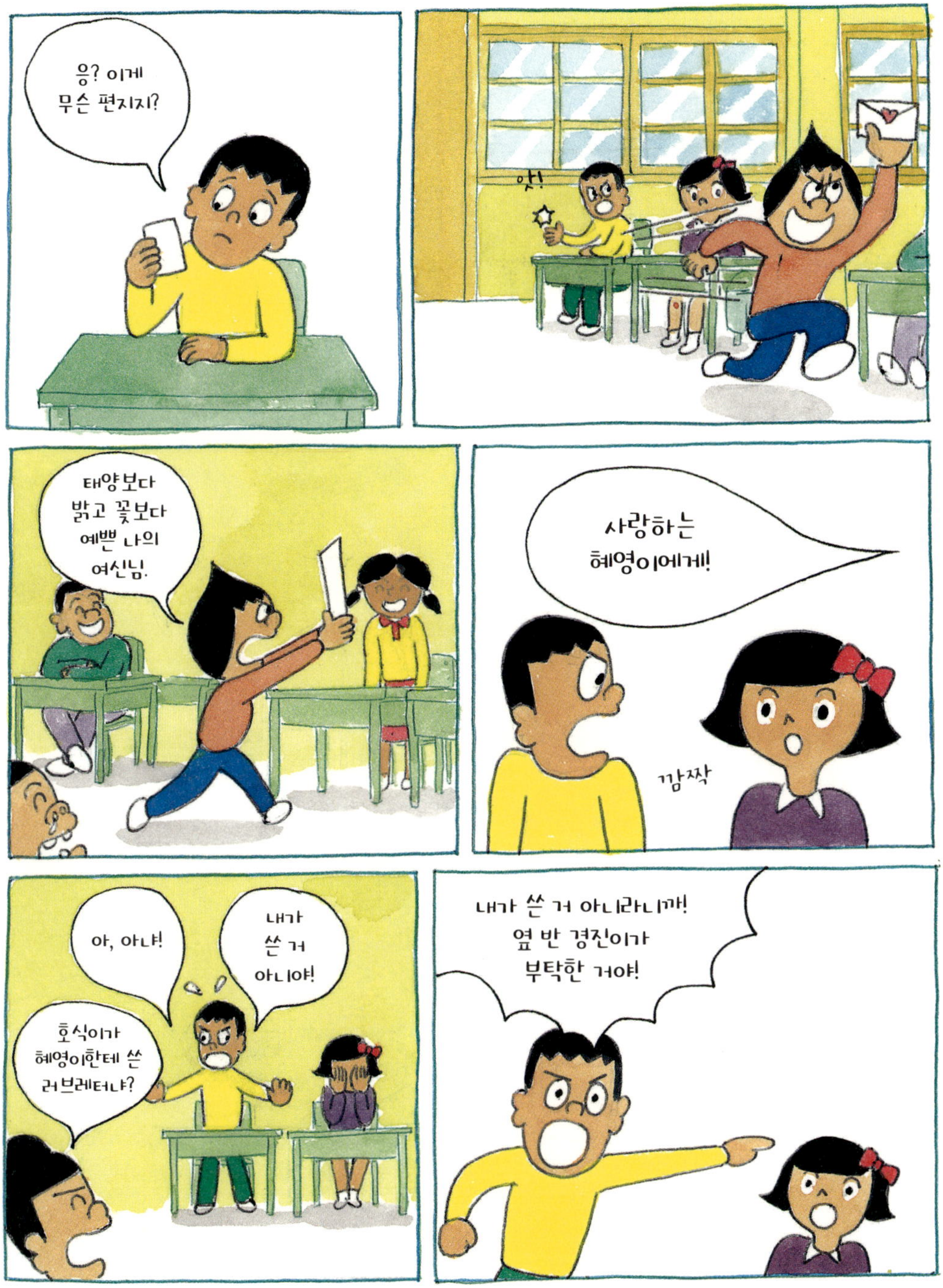

## 생각과 뜻이 통하는 게 의사소통이야!

아이코, 호식이는 하루 종일 얼마나 답답했을까? 친구 사이도 틀어지고, 가족들도 자기 뜻을 몰라주니 말이야. 말을 해도 통하지를 않으니, 마치 외국에 있는 기분이었을 거야.

의사소통이 안 되면 누구나 이렇게 답답함을 느끼게 돼. 의사소통이 뭔데 이 난리냐고? **의사소통**은 사람들의 생각과 감정이 서로 통하는 것을 말해. 일을 하고, 다른 사람들과 어울리고, 살아가는 데 필요한 여러 정보를 구하려면 의사소통이 필수야.

무슨 말인지 잘 모르겠다고? 그럼 의사소통이 안 되는 경우를 먼저 생각해 보자. '고집불통'이라는 말, 알지? 남의 말은 듣지 않고 자기 말만 옳다고 내세우는 사람을 고집불통이라고 하잖아. 이때 '불통'은 '아닐 불(不)' 자에 '통할 통(通)' 자를 써. 생각과 뜻이 통하지 않는다는 뜻이지.

무슨 말을 해도 자기 생각을 바꾸려고 하지 않는 친구를 떠올려 봐. 그런 친구와 이야기를 하다 보면 아마 너도 답답해서 호식이처럼 울고 싶은 기분이 들걸?

## 사람들은 어떻게 의사소통을 할까?

우리는 늘 의사소통을 하면서 살아가. 부모님이 밥 먹으라고 말하는 것, 네가 교실에서 수업을 듣는 것, 친구와 시간 가는 줄 모르고 메신저로 채팅을 하는 것, 집에서 원격 수업을 듣는 것 등이 모두 의사소통이야.

사람들이 의사소통을 하는 방법은 무지 다양해. 의사소통이 말하고, 듣고, 읽고, 쓰는 활동으로만 이루어지는 것은 아니라는 말이야. 말과 글 외에 눈빛, 손짓, 발짓, 표정으로도 우리는 서로 생각을 전하고 마음을 표현할 수 있어.

눈빛만 봐도 네가 무슨 말을 하려는지 아는 친구, 아무 말 안 해도 네가 잘못한 일을 귀신같이 알아채는 부모님의 비밀이 바로 여기에 있어.

친구가 고개를 끄덕인다든지, 머리를 가로젓는다든지, 엄지손가락을 위로 세우면 무슨 뜻인지 금세 알아차릴 수 있지? 표정도 마찬가지야. 얼굴을 찡그리거나, 눈을 초롱초롱 빛내는 것을 보면 친구의 기분이나 감정을 알 수 있어.

그뿐만이 아니야. 때로는 아무 말 하지 않고 가만히 있는 것으로도 생각을 표현할 수 있어. 친구가 곤란한 일을 부탁하거나 친구의 생각에 찬성하지 않을 때 너는 말하지 않는 것으로 충분히 네 뜻을 전할 수 있단다.

## '아' 다르고 '어' 다르다?

의사소통을 잘하기는 쉽지 않아. 의사소통은 아주 민감한 문제여서, 조금만 잘못해도 뜻이 완전히 다르게 전달될 수 있거든.

네가 한창 게임을 하고 있는데 엄마가 이렇게 말해.

"냉큼 들어가서 공부 안 해! 얘가 뭐가 되려고 그래?"

왠지 모를 반항심이 불끈 일면서 더 공부하기가 싫어지지 않니? 하지만 엄마가 이렇게 말하면 어떨까?

"이제 그만 놀고 공부할까? 엄마도 같이 책 볼게. 한 시간 정도 공부하고 또 놀자."

어때? 똑같이 공부하라는 말인데도 전혀 다르게 느껴지지?

의사소통을 할 때는 단순히 내 생각과 뜻을 정확히 알리는 데 그치지 않고, 적절하고 효과적인 의사소통 방법에 대해서도 생각해야 해. 내 생각을 분명하게 전달하지 못하거나, 상대방의 마음을 헤아리지 못하면 뜻이 통하기는커녕 서로 기분만 상할 수 있거든.

잘못된 의사소통 때문에 오해가 생기거나 사이가 틀어지는 경우는 아주 흔해. 그러니까 의사소통을 할 때는 무엇보다 상대방을 배려하는 마음을 가져야 한다는 것, 잊지 마!

그만 놀고 엄마랑 공부할까?

## 의사소통을 안 하고 살 수 있을까?

 의사소통을 할 때마다 그렇게 조심해야 한다면 차라리 입 꼭 다물고 혼자 지내는 게 속 편하겠다고? 에이, 정말 그렇게 생각하는 건 아니겠지?

 의사소통을 안 하고 사는 건 불가능해. 하다못해 슈퍼에서 과자 하나를 사더라도, 의사소통을 해야 네가 먹고 싶은 걸 구할 수 있다고.

오래전 그리스의 철학자 아리스토텔레스는 "인간은 사회적 동물이다."라고 말했어. 사람은 누구도 혼자서는 살아갈 수 없다는 뜻이야.

왜 혼자 못 사느냐고? 혼자면 아무한테도 방해 안 받고 실컷 게임을 할 수 있을 테니 신나기만 할 것 같다고?

흐음, 하지만 세상에 너 혼자 있는데 게임은 누가 만들어? 설령 게임이 있고 전기가 들어오고 인터넷이 된다고 해도, 혼자서 밤낮으로 게임만 하는 게 정말 재미있을까? 같이 게임을 할 친구도 없고, 높은 점수를 받아 봐야 자랑할 사람도 없는데?

자, 이제 의사소통이 왜 필요한지, 얼마나 중요한지 알겠지? 그렇다고 벌써부터 의사소통에 대해 다 안다고 생각하면 안 돼! 의사소통의 세계는 넓고도 깊걸랑!

## 더 알아보기

###  사람들만 의사소통을 할까?

　사람은 말, 글 같은 언어적 방법과 몸짓, 표정 같은 비언어적 방법으로 의사소통을 해. 그중 언어적 의사소통은 사람만이 가진 고유한 특징이야. 우리가 사회를 이루고 발전시켜 나갈 수 있는 것도 언어적 의사소통을 할 수 있는 덕분이야.

　그런데 사람뿐 아니라 동물들도 의사소통을 한다는 거 아니? 동물들은 어떻게 의사소통을 하는지 한번 알아볼까?

**춤으로 통해요**

꿀벌은 맛있는 꿀을 발견하면 먹이가 있는 곳을 친구들에게 알려 주기 위해서 춤을 춰. 가까운 곳에 먹이가 있을 때는 엉덩이로 둥글게 원을 그리며 춤을 추고, 먼 곳에 있을 때는 누운 8자 모양으로 엉덩이춤을 추지. 참 신기하지 않니?

### 냄새로 통해요

산책을 하다가 길 여기저기에 오줌을 싸는 강아지를 본 적 있니? 에이, 더럽게 무슨 얘기냐고? 더럽다고 생각할 것 없어. 개들이 그러는 건 자기 영역을 알리기 위해서거든. '여긴 내 구역이니까 얼씬도 하지 마!'라는 뜻이 담긴 행동이지.

### 빛으로 통해요

몸으로 빛을 만들어서 의사소통을 하는 동물도 있어. 뭔지 알겠다고? 그래, 맞아. 반딧불이야. 환경이 오염되면서 도시에서는 잘 볼 수 없게 되었지만, 요즘도 시골에 가면 꼬리에 불빛을 매단 반딧불이를 볼 수 있어. 반딧불이는 주로 짝짓기를 할 때 배 뒤쪽에서 빛을 만들어 내. 그러니까 반딧불이의 불빛은 '나 여기 있어요. 나랑 함께 놀아요. 나랑 같이 살아요.' 하는 말인 거지.

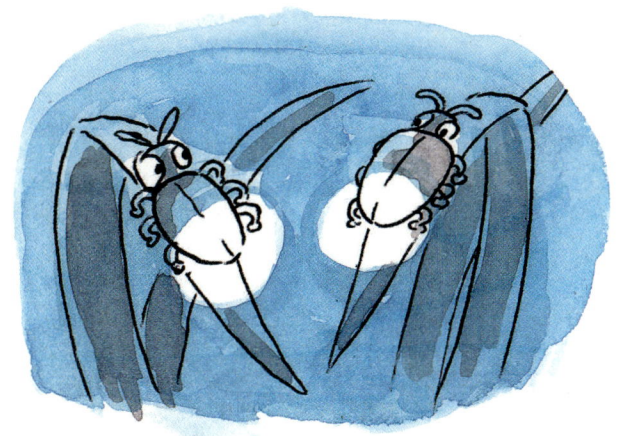

# ★ 알쏭달쏭 낱말 사전

카를 폰 프리슈는 꿀벌에 대한 연구로 1973년에 노벨 생리 의학상을 받았어요.

## 꿀벌의 춤

오스트리아의 생물학자 카를 폰 프리슈는 꿀벌의 행동을 연구해서 인간 외에 다른 동물들도 의사소통을 한다는 것을 밝혀냈어요. 꿀이 들어 있는 꽃을 발견한 꿀벌은 벌집에 있는 다른 벌들에게 꽃이 어디에 있는지, 얼마나 떨어져 있는지 알려 주기 위해 엉덩이춤을 춰요. 꿀벌이 원을 그리며 춤을 춘 다음 반대 방향으로 다시 원을 그리며 춤을 추면, 꽃이 벌집에서 가까운 곳에 있다는 뜻이에요. 하지만 꼬리 부분을 부르르 떨면서 옆으로 누운 8자 모양으로 춤을 추면, 꽃이 멀리 떨어져 있다는 뜻이지요.

## 메신저

인터넷을 이용해 컴퓨터나 모바일에서 실시간으로 대화를 나누고 데이터를 주고받을 수 있는 프로그램이에요. 이메일은 상대방이 열어 보기 전에는 전달되지 않지만, 메신저에서 보내는 메시지는 그 즉시 상대방의 화면에 표시되기 때문에 인스턴트 메시지라고 불러요. 일대일뿐만 아니라 여럿이서도 대화할 수 있어서 회의에도 이용돼요.

사람들이 흔히 사용하는 카카오톡, 라인 등은 모바일 메신저예요.

## 비언어적 방법

사람들은 의사소통을 할 때 말, 글 같은 언어 외에도 자세, 몸짓, 표정, 억양 같은 비언어를 다양하게 사용해요. 언어적 방법과 비언어적 방법을 함께 쓸 때 더욱 완벽하게 의사소통을 할 수 있기 때문이지요. 예를 들어 "5분만 기다려 줘."라고 말하면서 손가락 다섯 개를 펼쳐 보이면 더 정확하게 뜻을 전달할 수 있어요. 언어가 사실에 대한 정보를 전달하는 데 효과적이라면, 비언어는 감정이나 느낌을 전달하는 데 도움이 돼요.

제2차 세계 대전 때 영국의 수상 윈스턴 처칠은 손가락으로 'V' 자를 자주 만들어 보였어요. 'V'는 승리를 뜻하는 영어 단어 'victory'의 머리글자예요. 처칠은 별다른 말없이 손짓만으로, 전쟁에서 반드시 승리하겠다는 의지를 보여 줬어요.

## 아리스토텔레스(기원전 384~기원전 322년)

고대 그리스의 철학자로 철학, 과학, 사회 등 서양 학문의 전 분야에 걸쳐 큰 영향을 미쳤어요. 스승인 플라톤과 함께 고대 그리스 최고의 사상가로 꼽혀요. 그리스, 페르시아, 인도에 이르는 대제국을 건설한 마케도니아의 왕, 알렉산더 대왕의 스승으로도 유명해요.

아리스토텔레스는 삼단 논법의 체계를 세웠어요. 삼단 논법이란 '새는 동물이다. 닭은 새이다. 따라서 닭은 동물이다.'처럼 어떤 내용으로부터 논리적인 추리에 따라 결론을 이끌어 내는 것을 말해요.

## ⭐ 도전! 퀴즈 왕

다음 내용을 잘 읽고 빈칸에 알맞은 단어를 써 보세요.

1. 일을 하고, 다른 사람들과 어울리고, 살아가는 데 필요한 정보를 구하려면 _____ _____ 을 해야 해요.

2. 남의 말은 듣지 않고 자기 말만 옳다고 주장하는 사람을 _____ 이라고 해요.

3. 사람들은 말과 글 외에 눈빛, _____ , _____ , 표정 등으로도 서로의 생각과 뜻을 전달해요.

4. 의사소통을 할 때 상대방의 마음을 헤아리지 못하면 기분이 상하기 쉬워요. 따라서 의사소통을 할 때는 상대방을 _____ 하는 마음을 가져야 해요.

5. 고대 그리스의 철학자 아리스토텔레스는 "인간은 _____ 동물이다."라고 말했어요.

정답  1. 의사소통  2. 고집불통  3. 몸짓, 손짓(또는 몸짓, 손짓)  4. 배려  5. 사회적

## ②
# 의사소통 언제, 어떻게 하니?
### 의사소통의 목적과 종류

## 친구와 더 가까워지고 싶다면

우리는 아침에 눈을 떠서 밤에 잠들 때까지 끊임없이 의사소통을 해. 사람들은 어떤 때, 어떤 방식으로 의사소통을 할까?

혹시 죽고 못 사는 단짝이 있니? 눈에 안 보이면 보고 싶고, 하루라도 이야기를 못 나누면 소식이 궁금한 그런 친구 말이야. 아마 너는 그 친구와 만나서 이야기를 나누거나, 전화 통화를 하거나, 휴대폰으로 메시지를 주고받을 거야.

이렇게 개인과 개인이 마주하고 이야기하는 것을 대화라고 해. 일상생활에서 가장 많이 이루어지는 의사소통 방법이 바로 대화야.

대화는 다른 사람에게 내 생각과 감정, 정보를 전할 때뿐 아니라 친구를 사귀는 데도 도움이 돼. 어떤 사람에게 말을 걸고 그 사람의 이야기에 귀를 기울이는 것은 '너와 친하게 지내고 싶어.', '네게 관심이 있어.'라는 뜻이거든. 대화를 하면서 친구의 좋은 점을 칭찬하거나, 힘든 상황에 있는 친구에게 용기를 북돋워 줘 봐. 친구와 더욱 가까워질 수 있을 거야.

## 새로운 지식과 정보를 얻고 싶다면

　세상에는 우리가 알아야 할 것들이 참 많아. 우리말과 우리글을 바르게 쓰는 법도 깨쳐야 하고, 우리 역사와 전통에 대한 지식도 갖추어야 해. 또 수를 헤아리고 이해하는 법, 옳고 그름을 가리는 법, 아름다운 예술 작품을 감상하는 법도 알아야 하지.

　의사소통은 이렇게 새로운 지식을 배우고, 살아가는 데 필요한 정보를 얻고, 낯선 기술을 익히는 데 큰 역할을 해. 특히 한 사람이 여러 사람과 이야기하는 상황을 통해 우리는 다양한 지식을 배우고 익힐 수 있어.

물론 친구와 일대일로 의사소통을 할 때도 새로운 지식을 얻을 수 있어. 하지만 무언가를 배우거나 익히는 데는 **수업**이나 **발표**, **연설**처럼 한 사람이 여러 사람을 상대로 하는 의사소통이 더 효과적인 경우가 많아. 수업 시간을 떠올려 봐. 선생님이 여러 학생들에게 지식을 알려 주시지?

의사소통을 통해 우리는 정보와 지식을 얻고 생각과 의견, 감정을 나눠. 세상을 배우고 서로를 이해하는 데 의사소통이 꼭 필요하다는 말이지. 의사소통을 하지 않으면 세상이 어떻게 바뀌고 있는지, 다른 사람들이 무슨 생각을 하는지 모른 채 자기만의 세계에 갇히고 말 거야. 그런 '우물 안 개구리'가 되긴 싫지?

## 다른 사람의 생각을 이해하고 싶다면

　세상에는 나와 생각이 같은 사람이 있는가 하면, 전혀 다른 생각을 가진 사람도 있어. 서로 생각이 다른 사람들이 한데 어울려 살아가기 위해서는 토론이나 토의 같은 의사소통을 통해 문제를 해결하는 것이 중요해.

　여기서 문제! '초등학생은 컴퓨터 게임을 하지 못하게 해야 할까?'라는 문제는 토론을 해야 할까? 토의를 해야 할까?

　혹시 너, 이 문제를 보자마자 속으로 "안 돼!" 하고 외치지 않았니? 자기 입장을 '그렇다', '아니다'로 나누어 말할 수 있는 문제는 토론으로 풀어야 해. **토론**은 어떤 문제에 대해 찬성과 반대 의견을 가진 사람들이 이야기를 하면서 서로 생각을 맞춰 가는 의사소통 방법이거든.

　반면에 **토의**는 여러 사람이 함께 문제를 살펴보고 의논해서 가장 좋은 해결책을 찾는 의사소통 방법이야. 예를 들어 '초등학생이 컴퓨터 게임을 하는 시간을 줄이려면 어떻게 해야 할까?' 같은 문제는 토론보다 토의로 푸는 것이 좋아.

### 초등학생이 컴퓨터 게임을 하지 못하게 해야 할까?

### 초등학생이 컴퓨터 게임을 하는 시간을 줄이려면 어떻게 해야 할까?

## 나 자신에 대해 잘 알고 싶다면

한 사람이 한 사람과, 한 사람이 여러 사람과, 여러 사람이 함께, 사람은 거의 매 순간 의사소통을 해. 그럼으로써 서로 더 가까워지고, 모르는 것을 배우고, 다른 사람의 생각을 이해하거나 바꾸지.

그런데 사람은 혼자서도 의사소통을 한다는 거 아니? 에이, 미친 사람도 아니고 혼자서 어떻게 의사소통을 하느냐고? 아니야, 일기를 떠올려 봐. 일기를 쓸 때 우리는 그날 있었던 일을 돌아보며 자기 자신과 대화를 나누잖아.

이런 경우

또 이런 경우도 있어. 수업을 마치고 집에 돌아와서 '숙제부터 할까, 아니면 일단 나가서 놀고 저녁에 숙제를 할까?' 하고 고민해 본 적 있지? 이렇게 어떤 일을 선택하거나 결정하기 전에 스스로 질문하고 답하는 것도 의사소통의 한 과정이야.

나 자신과 하는 의사소통도 다른 사람과 하는 의사소통만큼이나 중요해. 내가 무엇을 좋아하고 잘하는지, 어떤 일을 하며 어떻게 살아갈 것인지를 알려면 나 자신과 충분히 대화를 나누어야 하거든.

저런 경우

## 의사소통은 세상을 바꾸는 힘이야!

의사소통은 사람들이 더 나은 생각을 하고, 더 좋은 세상을 만들게 하는 힘이야. 사람들 사이의 생각의 차이를 좁혀 주고, 사람들의 생각과 행동이 더 나은 쪽으로 바뀔 수 있도록 도와주거든.

혼자 하는 생각보다는 두 사람이 하는 생각이, 두 사람이 하는 생각보다는 열 사람이 하는 생각이 훨씬 힘이 세. 서로 다른

생각들이 만나서 영향을 주고받다 보면, 깜짝 놀랄 만한 아이디어가 나오기도 하기 때문이지.

　복잡한 사회 문제도 의사소통을 통해 서로의 생각과 의견을 나누다 보면 해결책을 찾을 수 있어. 우리 사회가 이만큼 발전할 수 있었던 데에는 의사소통의 힘이 아주 크단다.

## 더 알아보기

### 전 세계와 의사소통한다고?

옛날에는 별다른 교통 수단이나 통신 수단이 없어서 바로 이웃 마을에 사는 사람들과도 만나기가 어려웠어. 하지만 요즘은 세계 어디든 못 갈 곳이 없어. 또 지구 반대편에서 일어나는 일도 관심만 있다면 거의 실시간으로 알 수 있지.

이렇게 시간과 장소에 얽매이지 않고 자유롭게 의사소통을 하게 된 데는 과학의 발달이 큰 몫을 했어. 정보 통신 기술의 발달이 우리 생활에 어떤 변화를 가져왔는지 자세히 살펴보자.

### 정보가 힘인 세상이 되었어!

오래전 의사소통 수단이 별로 발달하지 않았을 때와 비교하면, 요즘에는 더 쉽고 빠르게 필요한 정보를 구하고 나눌 수 있게 되었어. 모두 인터넷을 비롯한 정보 통신 기술의 발달 덕분이야.

이제 세상은 정보를 중심으로 움직이고 있어. 정보가 정치, 사회, 경제 발전의 원동력이 된 거야. 정보와 지식을 빨리 찾고 잘 활용하는 것이 중요한 '정보화 사회'가 된 거지. 특히 요즘에는 어디서든 인터넷을 이용할 수 있는 디지털 환경이 만들어져서 정보의 양과 규모가 엄청나게 늘어났는데, 이런 데이터를 '빅 데이터'라고 불러.

빅 데이터는 양도 양이지만, 생겨나는 속도도 빠르고 종류도 다양해서 활용하는 분야도 점점 늘어나고 있지.

### 세계가 한마을이 되었어!

정보 통신 기술의 발달로 사람들은 멀리 떨어져 있는 나라도 이웃집처럼 가깝게 느끼게 되었어. 지구 전체를 하나의 마을이라는 뜻에서 '지구촌'이라고 부를 정도야. 이런 변화를 '세계화'라고 해.

예전에는 할리우드에서 만든 영화를 미국 사람들과 동시에 보고, 전 세계 사람들이 같은 음악을 들으며 같은 춤을 춘다는 건 상상도 못할 일이었어. 하지만 세계화가 이루어지면서 이제는 여러 나라에서 만들어진 물건이나 유행, 문화를 바로바로 누리는 것이 당연해졌어.

# ★ 알쏭달쏭 낱말 사전

## 발표

어떤 사실이나 결과를 세상에 널리 알리는 것이에요. 연구 결과나 창작 활동의 결과, 혹은 새로운 제품, 서비스가 시장에 나오는 것을 알리기 위해 발표회를 열기도 하지요. 발표는 여러 사람 앞에서 자신의 의견을 전달하는 의사소통 방법이기 때문에 준비를 많이 해야 해요. 발표를 듣는 사람들이 집중할 수 있도록 사진, 그림, 음악, 동영상 같은 시청각 자료를 만들고, 발표 중에 질문을 던지거나 재미있는 이야기를 들려주면 보다 효과적으로 발표할 수 있어요.

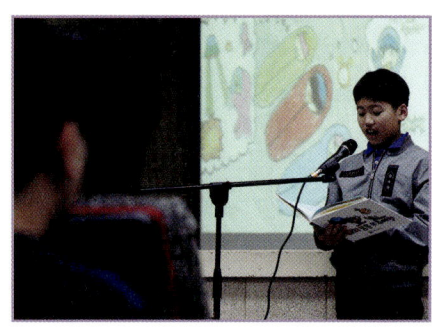

수업 시간에 조사한 내용을 말하는 것, 새 학기 첫날 친구들 앞에서 하는 자기소개도 발표예요. 발표를 하면 자신의 생각을 다른 사람에게 확실하게 알릴 수 있어요.

## 연설

많은 사람들 앞에서 자기의 주장이나 의견을 이야기하는 걸 말해요. 웅변대회에 나가거나, 선거에서 자신의 정책 등을 이야기하는 것이 연설이에요. 자신의 생각을 잘 전달하는 연설은 오랫동안 사람들의 기억 속에 남아요. 1863년 11월 19일, 미국 남북 전쟁 중에 링컨 대통령이 펜실베이니아주 게티즈버그에서 한 연설이 대표적이지요. "국민의, 국민에 의한, 국민을 위한 정치"를 얘기한 링컨 대통령의 연설은 오늘날에도 민주주의 정신을 가장 잘 보여 주는 것으로 유명해요.

미국의 제16대 대통령인 에이브러햄 링컨은 뛰어난 말솜씨로 많은 사람들의 마음을 사로잡았어요.

## 토론

찬성과 반대로 의견이 나뉘는 주제에 대해, 자신의 주장이 옳다고 다른 사람들을 설득하는 의사소통 방법이에요. 토론을 할 때는 자신이 찬성 혹은 반대하는 이유를 밝힌 다음, 적절한 근거를 들어 상대방을 설득해야 해요. 토론은 말싸움이 아니므로, 서로 입장이 다르다고 상대편을 비꼬거나 공격해서는 안 돼요. 상대방의 의견에 진지하게 귀를 기울이며, 옳은 내용이 있으면 인정해야 해요.

토론과 토의는 민주주의 사회의 구성원인 우리가 꼭 익혀야 하는 의사소통 방법이에요.

## 토의

어떤 문제에 대한 해결 방법을 찾기 위해 여러 사람이 모여서 서로의 생각과 의견을 나누는 의사소통 방법이에요. 보통 '쓰레기 분리수거를 잘하는 법, 전기를 절약하는 법, 학교 폭력을 없애는 법'처럼 최선의 해결책을 찾아야 할 때 하지요. 토의를 잘하기 위해서는 자신의 생각과 의사를 분명히 표현해야 하며, 다른 사람의 의견을 똑바로 이해하고 비판적으로 받아들여야 해요.

## ⭐ 도전! 퀴즈 왕

다음 내용을 잘 읽고 맞으면 ○, 틀리면 ✕를 표시하세요.

1. 대화는 친구를 사귀는 데 도움이 돼요. 어떤 사람에게 말을 걸고 그 사람의 이야기에 귀를 기울이는 것은 '너와 친하게 지내고 싶어.', '네게 관심이 있어.'라는 뜻이에요. (   )

2. 새로운 지식을 배우고, 필요한 정보를 얻고, 낯선 기술을 익히기 위해서는 일대일로 의사소통을 하는 것이 가장 효과적이에요. (   )

3. 어떤 문제에 대해 사람들이 찬성과 반대로 입장이 나뉘는 문제는 토론을 통해 푸는 것이 좋아요. (   )

4. 의사소통은 한 사람이 한 사람과, 한 사람이 여러 사람과, 여러 사람이 함께 하는 거예요. 혼자서는 의사소통을 할 수 없어요. (   )

5. 사람들은 의사소통을 통해 복잡한 사회 문제를 해결하고, 더 나은 세상을 만들어 나가요. (   )

정답 1.○ 2.✕ 3.○ 4.✕ 5.○

## ③ 최고의 의사소통 방법을 찾아라!

### 의사소통 수단의 발달

## 눈에 보이지 않는 생각을 어떻게 전할까?

의사소통은 사람들의 생각이 통하는 거라고 말한 것, 기억하지? 그런데 눈에 보이지도 않고, 손으로 만질 수도 없는 생각을 어떻게 다른 사람과 나눌 수 있는 걸까?

사람들은 생각과 뜻을 보다 효과적으로 주고받기 위해 미디어를 만들었어. 신문, 텔레비전, 라디오, 책, 컴퓨터, 인터넷, 휴대폰처럼 사람들이 생각을 나누고 관계를 맺을 수 있도록 도와주는 물건이나 방법을 **미디어**라고 해. 우리말로는 '매체'라고 하는데, 쉽게 말해 미디어는 생각을 담는 그릇인 셈이야.

멀리 떨어져 있는 친구에게 쓴 편지, 세상이 어떻게 돌아가는지 알려 주는 신문, 지구 반대편의 소식을 실시간으로 보여 주는 인터넷, 이 모든 것이 의사소통을 위한 미디어야.

　과학 기술이 발달하면서 미디어는 기능이 점점 발달하고, 종류도 다양해지고 있어. 스마트폰, 아프리카 TV나 유튜브(YouTube) 같은 인터넷 방송, 원격 수업을 들을 수 있는 줌(Zoom) 같은 새로운 미디어들도 속속 등장했지. 이제부터 미디어가 어떻게 발달해 왔는지, 미디어의 발달에 따라 우리의 삶이 얼마나 변화했는지 알아보자.

## 말과 글로 생각을 전했어

미디어 중 가장 기본은 바로 말, 글 같은 언어야. 사람들은 언제부터 언어를 사용했을까? 언어가 없었을 때는 어떻게 의사소통을 했을까?

말이 생겨나기 전에 사람들은 아마도 손짓, 발짓, 눈짓, 그리고 간단한 의성어만으로 의사소통을 해야 했을 거야. 말이 안 통하는 외국인을 만났을 때처럼 말이야. 엄마, 아빠, 친구와 그렇게 얘기한다고 생각해 봐, 상상만 해도 아찔하지 않니?

말과 글이 모두 없었을 때

말만 있었을 때

글이 생겨났을 때

말이 생겨난 후에도 의사소통을 하는 데는 여전히 불편함이 많았어. 이야기를 하려면 직접 찾아가는 것 외에는 방법이 없었거든. 멀리 소식을 전하기 위해 북과 나팔로 소리를 내기도 하고 봉수나 파발을 두기도 했지. 하지만 여전히 먼 데까지 빠르게 소식을 전하기는 어려웠어. 또 말은 일단 뱉고 나면 금방 사라지기 때문에 다른 사람들에게 중요한 정보를 남기기도 힘들었어.

글이 생겨난 후에야 비로소 사람들은 자신의 생각을 오래오래 남길 수 있게 되었어. 멀리 있는 사람에게도, 나중에 태어날 사람에게도 하고 싶은 말을 할 수 있게 되었지.

## 인쇄술이 지식과 정보를 널리 퍼뜨렸어

불과 백여 년 전만 해도 책이 무지 귀한 물건이었다는 거 아니? 예전에는 책 한 권을 만드는 데 무척 오랜 시간이 걸렸어. 일일이 손으로 베껴 써서 만들었거든. 글을 쓸 종이와 먹, 붓은 비싼 데다 구하기도 어려웠고 말이야.

이런 불편함은 인쇄술이 발달하면서 사라졌어. 인쇄술은 나무나 금속으로 만든 판에 글, 그림을 새긴 다음 잉크를 묻혀 종이, 천 등에 찍어 내는 것을 말해. 인쇄술 덕분에 사람들은 같은 내용의 책을 한 번에 많이 펴낼 수 있게 되었어.

그전까지 책은 값도 비싸고 구하기도 힘들어서, 돈 많고 힘 있는 몇몇 사람들밖에 못 봤어. 그런데 인쇄술의 발달로 누구나 부담 없이 책과 신문과 잡지를 읽을 수 있게 되었지. 더 많은 사람들이 책을 통해 새로운 지식과 정보를 접할 수 있게 된 거야.

## 세계에서 가장 오래된 목판 인쇄물 대회

## 전화기로 더 빨리 생각을 전하게 되었어

사람들은 늘 더 쉽고 빠르게 생각과 정보를 전할 방법을 찾았어. 책과 신문, 잡지를 한 번에 많이 찍어 낼 수 있게 되었지만, 아직 부족했지. 도시에 사는 사람들이 아니면 그런 인쇄물을 제때 구하기가 힘들었거든. 이때 등장한 게 바로 전화기야. 전화기로 멀리 떨어져 있는 사람과도 바로바로 소식을 나눌 수 있게 되었지.

전화기의 발명에는 숨은 이야기가 있어. 1876년 미국의 발명가 알렉산더 그레이엄 벨은 청각 장애인인 어머니와 아내에게 소리를 들려줄 마음으로 전화기를 만들었어. 그리고 또 한 사람, 1860년 세계 최초로 전화기를 발명한 안토니오 무치도 아내를 위해 연구를 시작했어. 무치는 몸이 마비된 채 침실에 누워 있는 아내와 이야기하기 위해 침실과 작업실을 연결하는 장치를 만들었는데, 그게 바로 최초의 전화기였지.

벨과 무치 모두 사랑하는 사람들과 이야기를 나누기 위해 전화기를 발명했다니, 참 감동적이지 않니?

# 최초의 전화기 발명 벨 vs 무치

## 더 많은 사람들에게, 더 많은 정보를!

미디어의 발달로 우리는 잘 모르는 사람과도 의사소통을 할 수 있게 되었어. 책, 신문, 라디오, 텔레비전, 영화 같은 미디어들은 많은 사람들에게 정보를 전달해. 하지만 그 정보가 누구에게 전해지는지는 정확히 알 수 없어. 나만 해도 이 책을 읽는 네가 어디에 사는지, 성별이 뭔지, 몇 살인지 아무것도 몰라. 그래도 나는 내 생각을 전할 수 있지.

이렇게 수많은 사람들에게 수많은 정보를 전달하는 미디어를 **매스 미디어**, 즉 **대중 매체**라고 해. 신문, 라디오, 텔레비전은 우리가 가장 흔히 접하는 대중 매체야. 오늘의 날씨부터 교통, 패션, 건강까지 각종 정보를 전해 주지. 하지만 매스 미디어의 정보는 일방적으로 주어지는 것이기 때문에 무조건 믿어서는 안 돼. 정보가 정확한지, 꼼꼼히 살펴보고 활용해야지.

1990년대 후반에 등장한 인터넷은 또 다른 의사소통을 가능하게 했어. 인터넷은 전 세계에 있는 컴퓨터를 서로 연결해 주는 그물망 같은 거야.

요즘 사람들은 인터넷으로 많은 일을 해. 회사 일도 보고, 물건도 사고, 자료도 찾고, 신문 기사를 보거나 음악을 듣거나 게임을 하기도 하지. 인터넷은 사람들이 서로서로 소통하게 함으로써 사회에 큰 영향을 미치고 있어.

## 더 알아보기

### 매스 미디어의 친구들

누가 볼지, 누가 들을지도 모르는데 왜 사람들은 매스 미디어를 이용해서 의사소통을 하는 걸까? 힌트는 '매스'라는 말에 있어. 매스가 대중, 그러니까 수많은 사람들을 뜻한다는 거, 안 잊어버렸지? 매스 미디어를 활용하면 손쉽게 많은 사람들에게 내 생각을 전할 수 있어. 이런 매스 미디어의 성격을 이용해 생겨난 게 바로 언론과 광고야.

**세상에 무슨 일이 있는지 알려요**

미디어를 이야기할 때 빼놓을 수 없는 것이 바로 '언론'이야. 언론은 세상에서 일어난 여러 사건이나 현상에 대해 알리고, 그에 대한 사람들의 의견을 만들어 가는 활동을 말해.

사람들은 언론에서 다룬 어떤 사건을 보고 각자 다른 생각을 해. 하나의 사건을 놓고도 여러 의견이 나올 수 있지. 그 수많은 의견 중에서 대부분의 사람들이 옳다고 생각하는 것을 '여론'이라고 해. 어떤 사건에 대한 여론을 정부나 기업에 전달함으로써 더 많은 사람들이 더 행복한 세상을 만드는 데 힘을 보태는 것은 언론의 중요한 역할 중 하나야.

언론은 신문, 텔레비전, 인터넷 같은 매스 미디어를 통해 사회적으로 중요한 사실을 사람들에게 빠르고 정확하게 전달하고, 여론을 형성하는 데 도움을 줘.

## 기업의 상품이나 서비스를 알려요

텔레비전이나 인터넷에 빠지지 않고 나오는 게 있어. 바로 '광고'야. 이러이러한 상품과 서비스가 있으며, 그것들이 왜 좋은지를 알리는 활동이지.
아무리 좋은 물건이 있어도 사람들이 그 물건에 대해 모르면 팔릴 리 없잖아? 그래서 기업에서는 많은 사람에게 상품과 서비스를 알리기 위해 매스 미디어 회사에 돈을 내고 광고를 해.
오늘날 광고는 매스 미디어 회사들의 주요 수입원이야. 광고 없이는 인터넷, 텔레비전, 신문, 잡지 같은 매스 미디어를 운영하기 힘들어. 텔레비전 방송사들이 시청률에 민감한 것도 그래서야. 시청률이 높은 프로그램일수록 광고가 많이 붙거든. 또 신문사에서 구독자를 늘리려고 애쓰는 것도 같은 이유에서야. 신문을 보는 사람의 수가 많아야 여러 기업들이 신문에 광고를 하기 때문이지.

## ⭐ 알쏭달쏭 낱말 사전

### 무구 정광 대다라니경

현재 남아 있는 목판 인쇄물 중 세계에서 가장 오래된 것이에요. 목판 인쇄물은 나무에 글을 새겨 종이에 찍은 것을 말하지요. 1966년 경상북도 경주 불국사 석가탑에서 발견되었는데, 770년경에 인쇄되었다는 일본의 '백만탑 다라니경'보다 20년 이상 앞서 만들어진 것으로 밝혀졌어요. 다라니경은 죄나 허물을 없애는 주문을 담은 책으로, 옛날에는 탑 안에 다라니경을 많이 넣었어요.

무구 정광 대다라니경은 두루마리 모양의 책이에요.

### 봉수

전쟁같이 나라에 큰일이 일어났을 때 횃불과 연기를 이용해 왕이 있는 수도에 소식을 알리는 통신 제도예요. 산이 많은 우리나라에서는 전국의 주요 산에 봉수대를 설치해 두고, 서울 남산 봉수대까지 밤에는 횃불로 낮에는 연기로 소식을 전했어요.

남산 봉수대는 전국의 봉수가 도착하는 곳이었어요. 조선 시대에 봉수는 평상시에는 한 개, 적이 나타나면 두 개, 적이 가까이 오면 세 개, 적이 쳐들어오면 네 개, 적과 싸움이 시작되면 다섯 개를 올렸어요.

### 스마트폰

스마트폰(smartphone)은 말 그대로 '똑똑한 전화'라는 뜻으로, 컴퓨터에서 하는 일을 할 수 있는 휴대폰을 말해요. 크기가 작고 쉽게 이용할 수 있기 때문에 '손 안의 컴퓨터'라고 불리기도 하지요. 전화나 문자 메시지 같은 휴대폰의 기본적인 기능은 물론이고 웹 서핑, 게임, 동영상 감상, 촬영과 업로드, 문서 작성 등 스마트폰 하나로도 할 수 있는 일이 무척 많아요.

스마트폰을 사용하면 언제 어디서든 인터넷을 사용할 수 있고 다양한 방식으로 의사소통을 할 수 있기 때문에 다양한 정보를 쉽고 빠르게 얻고 전할 수 있지요.

### 원격 수업

수업이라고 하면 학생들이 교실에 모여서 선생님 말씀을 함께 듣는 것으로 생각해 왔어요. 그런데 코로나19가 발생하고 많은 사람이 모일 수 없게 되면서 선생님과 학생들이 멀리 떨어진 상태에서 원격 수업을 하게 되었지요. 이렇게 한자리에 모이지 않고서도 실시간으로 수업을 들을 수 있는 것도 정보 통신 기술과 미디어가 발달한 덕분이에요.

### 파발

나라의 급한 소식이나 중요한 문서를 사람이 직접 걷거나 말을 타고 가서 전하는 방법이에요. 사람이 걸어가는 것을 '보발'이라고 하고, 말을 타고 가는 것을 '기발'이라고 해요.

## ⭐ 도전! 퀴즈 왕

다음 내용을 잘 읽고 빈칸에 알맞은 단어를 써 보세요.

1. 신문, 텔레비전, 책, 컴퓨터, 인터넷처럼 사람들이 생각을 나눌 수 있도록 도와주는 물건이나 방법을 _____ 라고 해요.

2. 오래전 사람들은 중요한 정보를 남기고, 다른 사람들과 자신의 생각이나 지식을 나누기 위해 _____ 을 만들었어요.

3. _____ 이 발달하기 전에는 돈 많고 힘 있는 몇몇 사람들만 책을 볼 수 있었어요.

4. 신라의 _____ 은 세계에서 가장 오래된 목판 인쇄물이에요.

5. _____ 의 정보는 일방적으로 주어지기 때문에 그 정보가 정확한지 꼼꼼히 살펴보고 활용해야 해요.

정답: 1. 미디어 2. 글 3. 인쇄술 4. 무구 정광 대다라니경 5. 매스 미디어(대중 매체)

④

# 미디어, 민주주의를 지켜 줘!

### 미디어의 자유와 책임

## 펜은 칼보다 강하다!

칼과 펜은 모두 잘못 쓰면 사람을 상처 입히고 심하면 죽일 수도 있어. 사람들은 흔히 칼이 펜보다 강하다고 생각하지만, 어떤 경우에는 펜이 칼보다 더 강할 수도 있단다. 펜은 칼보다 훨씬 더 많은 사람에게 영향을 미칠 수 있거든.

예를 들어 어떤 사람이 자기 이익을 위해 다른 사람들을 괴롭혔다고 하자. 그런데 그는 힘도 세고 지위도 높아서 누구도 감히 그 사람이 잘못했다고 말하지를 못하는 거야.

그때 누군가가 용기를 내서 그에 관한 글을 쓴다면? 그래서 많은 사람들에게 진실을 알린다면? 사람들은 그 사건에 관심을 갖고 해결책을 찾기 위해 노력할 거야. 하지만 그 일에 대해 얘기하는 사람이 없다면 상황은 변하지 않겠지.

한 사람 한 사람의 힘은 약할지라도 여러 사람의 생각이 한데 모이면 커다란 힘을 발휘할 수 있어. 그걸 가능하게 하는 게 바로 펜이야. '칼'이 모두를 벌벌 떨게 하는 힘을 상징한다면, '펜'은 그에 굴하지 않고 자신의 생각과 뜻을 전하는 용기와 의지를 뜻해.

그러니까 "펜은 칼보다 강하다."는 미디어의 힘을 보여 주는 말인 셈이야. 아무리 힘으로 억눌러도, 잘못된 사실을 계속해서 사람들에게 알리고 여론을 불러일으키면 문제를 해결할 수 있어. 미디어를 어떻게 활용하느냐에 따라서 우리가 사는 세상이 더 나아질 수도, 더 나빠질 수도 있는 거야.

## 내 생각을 표현할 자유가 있어

두건 만드는 사람이 대나무 숲에서 "임금님 귀는 당나귀 귀!" 하고 외치는 이야기, 알지? 그는 임금님 귀의 비밀을 아는 단 한 사람이었어. 평생 입이 달싹거려 견딜 수 없던 그는 죽기 전 대나무 숲에 가서 큰 소리로 비밀을 털어놓았어.

두건 만드는 사람은 왜 그렇게 답답해했을까? 표현의 자유를 금지당했기 때문이 아닐까? 자신의 생각, 의견, 주장을 아무 방해도 받지 않고 밖으로 드러내는 것을 **표현의 자유**라고 해.

우리가 살아가는 민주주의 사회에서 표현의 자유는 무엇보다 중요해. 두건 만드는 사람이 숨겨야 했던 비밀이 임금님 귀의 생김새가 아니라, 임금님이 백성들을 속여 나랏돈을 빼돌린 일이라고 생각해 봐. 표현의 자유를 잃는 것은 우리가 행복하게 살기 위한 권리를 빼앗기는 것이나 마찬가지야.

그러니까 아무리 높은 자리에 있는 사람도, 돈 많고 힘 있는 사람도 자신의 잘못을 가리려고 다른 사람의 표현의 자유를 막아서는 안 돼.

## 표현의 자유에는 책임이 따라

 표현의 자유가 중요하다고 해서 아무 말이나 해도 된다는 뜻은 아니야. 일단 내뱉은 말은 엎질러진 물과 같아서 주워 담기가 어렵거든. 이런 말의 특성이 가장 두드러지는 장소가 바로 인터넷이야.

 인터넷을 통한 의사소통은 직접 만나서 하는 게 아니야. 대화를 나누는 상대방의 이름이 무엇인지, 나이가 몇 살인지, 모르는 경우가 많아. 인터넷의 이런 특징을 **익명성**이라고 해.

 때때로 사람들은 인터넷의 익명성을 믿고 막말을 하거나 욕설을 해. 어차피 누가 누군지도 모르는데 내키는 대로 말 좀 하면 어떠냐고? 어이쿠, 그렇게 생각하면 곤란해!

　인터넷을 사용하는 사람들을 **네티즌**이라고 해. 통신망을 뜻하는 영어 '네트워크(network)'와 시민을 뜻하는 영어 '시티즌(citizen)'을 합친 말이지. 인터넷이라는 마을에 함께 모여 사는 시민이라는 의미야.

　이렇게 인터넷은 우리가 살아가는 또 하나의 세상이야. 그런데 한마을에 사는 사람들끼리 아무 말이나 막 하고, 정확하지 않은 정보를 마구 퍼 나르면 어떻게 되겠니? 인터넷 세상이 엉망이 되고 상처 받는 사람도 많이 생길 거야.

　모든 자유에는 책임이 따르는 법. 인터넷에서도 실제 생활에서처럼 상대방을 배려하고 예의 바르게 행동하며 **네티켓**을 지켜야 해. 내가 소중한 만큼 다른 사람도 소중히 대해야 한다는 건 인터넷이라고 다르지 않아.

## 언론의 자유와 민주주의는 무슨 관계일까?

표현의 자유 중 대표적인 것이 **언론의 자유**야. 민주주의 사회에서 언론의 자유는 기본 중의 기본이야. 우리나라 최고의 법인 헌법에도 떡하니 "모든 국민은 언론, 출판의 자유를 가진다."라고 나와 있어.

언론의 자유는 **국민의 알 권리**와 밀접한 관계가 있어. 모든 국민은 자신이 살고 있는 나라에서 어떤 일이 일어나고 있는지 알 권리가 있어. 또 그 일에 대해 자신의 생각과 의견도 자유로이 말할 수 있어야 해.

언론의 자유가 지켜지지 않으면, 우리가 꼭 알아야 할 일들을 모르고 넘어가는 경우가 많아질 거야. 정부가 국민을 위해 써야 할 세금으로 딴짓을 하지 않는지, 대통령이 나랏일을 잘못하지 않는지, 힘센 사람이 약한 사람을 짓밟지 않는지를 우리가 모른다면 어떻게 국민으로서 권리를 지킬 수 있겠어.

## 미디어가 항상 공정한 건 아니야

언론의 자유는 반드시 지켜져야 해. 하지만 동시에 언론이 제대로 역할을 하는지도 관심을 갖고 지켜봐야 해. 언론이 확실하지 않은 사실을 진짜인 것처럼 말하거나, 헛소문을 퍼뜨리면 많은 사람이 피해를 입을 수 있거든.

어느 날 네가 친구랑 치고받고 싸웠다고 하자. 너는 다섯 대쯤 연달아 얻어맞다가, 마지막에 딱 한 대를 때렸어. 그런데 반 아이들이 네가 친구를 때리는 것만 보고는 싸움쟁이라며 손가락질을 하는 거야. 먼저 싸움을 건 친구는 기세등등해서 선생님한테 이르겠다고 해. 상상만 해도 속이 부글부글 끓어오르지?

그런데 이런 일이 언론 보도에서도 자주 일어나. 언론은 늘 객관적이고 공정해야 해. 하지만 언론 보도도 사람이 하는 일이다 보니, 기자가 편견을 갖고 한쪽에 유리한 주장만 전하는 경우가 종종 있어.

그래서 미디어에서 어떤 것을 듣거나 읽었을 때는 서로 다른 입장에 있는 사람들의 이야기를 충분히 살펴보고 다양한 각도에서 생각해 봐야 해. 혹시라도 놓친 사실은 없는지, 조작된 내용은 없는지 현미경 들여다보듯 자세히 봐야 하지.

또 많은 사람들이 찬성하는 의견이 항상 옳은 것은 아니라는 점도 명심해야 해. 그래야 미디어에 휘둘리지 않고, 진실과 거짓을 구분할 수 있어!

## 미디어는 잘못된 정보를 주기도 해

 흔히 "뉴스를 봐야 세상 돌아가는 일을 알 수 있다."고들 해. 맞아, 미디어는 정치, 경제, 사회, 문화 각 분야에서 일어난 일을 많은 사람들에게 빠르게 전달해 줘. 우리 사회가 어떻게 돌아가는지 알려면 신문이나 텔레비전을 보는 것만 한 방법이 없어.

 하지만 불행히도 미디어에 나오는 이야기가 모두 진실은 아니야. 어떤 기자가 누군가를 만나서 그 사람이 한 말을 빠짐없이 전했다면, 진실한 보도라고 할 수 있을까? 그건 사실일 수는 있지만, 진실은 아니야. 기자가 만난 사람은 자기 입장에서만 말한 거거든. 그래서 기자들은 어떤 일을 보도하기 전에 취재한 내용이 맞는지 그른지, 확인하는 과정을 반드시 거쳐.

세상의 모든 일은 겉만 보고 판단해서는 안 돼. 국회 의원 선거에 나온 후보자들은 하나같이 똑똑하고 인자해 보여. 하지만 사실 그 사람들 옆에는 어떻게 화장을 해야 젊어 보이는지, 무슨 옷을 입어야 믿음직한 느낌을 주는지, 어떤 단어를 써야 똑똑해 보이는지 알려 주는 전문가들이 있어. 보이는 게 전부가 아니라는 말씀!

　미디어도 마찬가지야. 미디어가 언제나 우리의 현실을 그대로 보여 주는 것은 아니야. 그러니까 미디어의 내용을 비판 없이 그대로 받아들여서는 안 돼. 미디어의 특성과 영향력을 잘 파악하고, 미디어가 보여 주는 정보들 중 옳은 것과 그른 것을 구별할 수 있는 힘을 키워야 해. 그래야 미디어가 전해 주는 유익한 정보를 바르게 활용할 수 있어.

## 미디어의 사회적 책임

너는 학급 신문을 만드는 기자야. 얼마 전 전학 온 상준이가 준수에게 괴롭힘을 당한 사실을 알게 되어서 학급 신문에 기사를 쓰려고 해. 그런데 준수가 주먹을 들어 보이며 절대 기사를 쓰지 말래. 아, 이를 어쩌나. 눈 한번 질끈 감고 모른 척해야 할까, 아니면 기사를 써서 사실을 알리고 문제를 바로잡을 기회를 만들어야 할까?

미디어는 어떤 상황에서도 진실을 전할 책임이 있어. 그건 초등학생들이 보는 학급 신문이라고 해도 마찬가지야. 힘센 사람이 무서워서 봐주고, 나한테 득이 되니까 모른 척한다면 그건 올바른 미디어라고 할 수 없어.

또한 미디어는 사람들의 인권을 보호하고, 법을 지킬 책임이 있어. 다른 매체보다 빨리 소식을 전하려고 사실 확인을 하지 않고 보도를 하거나, 사람들의 관심을 끌기 위해 자극적인 기사를 내보내서는 안 돼. 미디어가 정확한 사실을 알리지 않으면 많은 사람이 피해를 입을 수 있다는 걸 늘 기억해야 해.

## 더 알아보기

 ### 언론의 자유를 지키는 단체들

　매스 미디어로서 언론은 영향력이 큰 만큼 책임도 커. 언론이 책임을 잘 지키고 있는지 혹시 잘못된 것은 없는지 살피고, 언론의 자유를 지키기 위해 애쓰는 단체들에 대해 알아보자.

#### 언론 중재 위원회

언론의 자유는 반드시 지켜져야 하지만, 이를 너무 강조하다 보면 개인의 사생활을 침해하거나 명예를 훼손하는 문제를 일으킬 수 있어. 언론이 사실이 아닌 일을 꾸며 내어 보도하거나, 사실이더라도 지나치게 개인적인 일을 보도하는 경우, 취재의 대상이 된 사람은 큰 피해를 입을 수 있거든.
이런 문제를 해결하기 위해 우리나라는 1981년에 '언론 중재 위원회'를 만들었어. 언론에서 전한 소식으로 피해를 입은 사람들이 이의를 신청하면, 그 내용을 조사하고 심사해서 화해시키는 역할을 하는 단체야. 심사 결과, 언론의 잘못으로 판결이 나면 그 소식을 정정해서 알리도록 하는 일도 해.

### 방송 통신 위원회

방송이 모든 사람에게 공정한 내용을 다루는지, 방송국의 이익을 위해 한쪽으로 기운 내용을 내보내지는 않는지 심사하는 기관이야. 방송, 통신, 인터넷 등 미디어 전반을 조사해서 문제가 있다고 판단하면 시청자에 대한 사과를 명령하거나 내용을 고치게 해.

방송 통신 위원회의 심의 내용에 반대하는 사람들이 시위를 하고 있어. 심의 내용이 공정하지 못하거나 문제가 있다고 생각하기 때문이야. 심의도 사람이 하는 일이라 언제나 옳은 건 아니거든.

### 한국 신문 윤리 위원회

언론의 자유를 지키고 책임을 다하기 위해 신문을 펴내고 만드는 사람들과 기자들이 함께 세운 기구야. 1961년 9월에 만들어졌고 활동한 지 벌써 60년이 넘었어. 신문을 읽은 사람들이 제기한 불만을 처리하는 데서 나아가, 매일 각 신문들의 내용을 조사하고 감시해서 문제가 되는 기사나 광고를 올바르게 바로잡는 일을 해.

1961년 한국 신문 윤리 위원회가 처음 만들어져 활동을 시작했을 때의 모습이야.

### ★ 알쏭달쏭 낱말 사전

### 국민의 알 권리

국민이 나라의 모든 정보에 자유롭게 접근해서 볼 수 있는 권리예요. 국민의 알 권리는 언론의 자유, 민주주의의 발전과 밀접한 관련이 있어요. 국민이 행복한 삶을 살기 위해서는 자신이 살고 있는 나라에 대한 정보를 충분히 얻을 수 있어야 하기 때문이지요.

우리나라는 국민의 알 권리를 보장하고 국정 운영에 대한 참여를 유도하기 위해 정보 공개 제도를 시행하고 있어요. 정보 공개 포털(www.open.go.kr)에서 정부와 지방 자치 단체의 각종 정보를 검색하고 확인할 수 있어요.

### 네티켓

영어 네트워크(network)와 에티켓(etiquette)을 합친 말로, 네티즌이 인터넷에서 지켜야 할 상식과 예절을 뜻해요. 네티켓의 핵심은 인터넷에서 만나는 사람이 나와 같은 인간임을 기억하고, 실제 생활에서와 똑같이 예의 바르게 행동하는 거예요. 눈에 보이지 않는다고 해서 다른 사람을 비웃거나 헐뜯고, 사생활을 캐거나 성희롱을 하는 등 함부로 행동해서는 안 돼요.

서울 경찰청 사이버 범죄 수사대에서 어린이들이 네티켓 교육을 받고 있어요.

## 언론

신문, 텔레비전, 인터넷 등의 매체를 통해 어떤 사실을 알리고 여론을 만들어 나가는 활동 또는 그런 활동을 하는 기관을 말해요. 민주주의 사회에서는 언론이 사실을 자유롭게 보도하는 것이 매우 중요해요. 국민이 듣고, 읽고, 보는 대부분의 것이 언론의 보도에 따라 좌지우지되기 때문이지요. 정부가 국민이 바라는 정치를 하는지 감시하고, 돈 많고 힘 있는 사람들을 비판하며, 소수 의견이 무시되는 일이 없도록 하려면 언론의 자유가 꼭 지켜져야 해요.

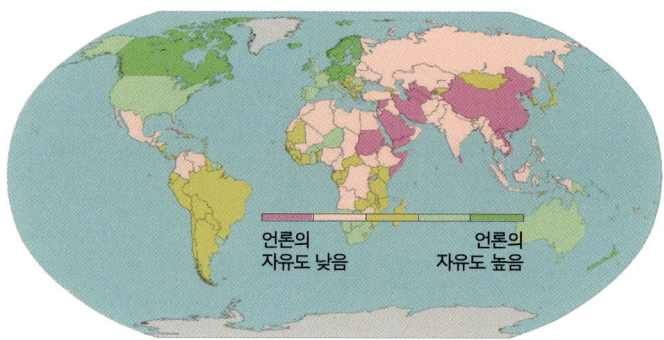

국제 언론 감시 단체인 '국경 없는 기자회'는 매년 국가별 언론의 자유 순위를 매겨요. 2021년 우리나라의 언론의 자유는 조사 대상 180개국 중 42위로, 아시아에서는 1위를 차지했어요.

## 익명성

인터넷에서는 자신의 이름을 밝히지 않고 아이디(ID)나 별명으로 활동할 수 있어요. 이렇게 이름을 숨김으로써, 어떤 말이나 행동을 한 사람이 누구인지 잘 드러나지 않는 것을 '익명성'이라고 해요. 익명성은 사람들이 인터넷에서 자신의 생각과 의견을 보다 솔직하게 표현할 수 있게 도와주지요. 하지만 어떤 사람들은 익명성에 기대 악성 댓글을 달거나, 이유 없이 남을 공격하거나, 근거도 없이 나쁜 소문을 퍼뜨려서 문제가 되고 있어요.

## ⭐ 도전! 퀴즈 왕

다음 설명 중 바른 것을 고르세요.

❶ "펜은 칼보다 강하다."는 진실을 알리는 미디어의 힘을 보여 주는 말이에요.

❷ 높은 자리에 있거나 돈 많고 힘 있는 사람은 자신의 잘못을 가리기 위해 다른 사람의 표현의 자유를 막을 수 있어요.

❸ 인터넷의 익명성을 믿고 막말을 하거나 욕설을 해서는 안 돼요. 인터넷에서도 실제 생활에서처럼 예의 바르게 행동해야 해요.

❹ 국민의 알 권리를 위해 언론은 어떤 행동이든 할 수 있어요. 확실하지 않은 사실을 진짜인 것처럼 말하거나 헛소문을 퍼뜨릴 수도 있지요.

❺ 미디어가 항상 공정하거나 진실을 전하는 것은 아니에요. 그러므로 미디어가 전하는 정보들 중 옳은 것과 그른 것을 구별할 수 있는 힘을 키워야 해요.

정답 ❶, ❸, ❺

⑤
# 나도 미디어를 만들 수 있을까?

### 올바른 미디어 활용법

## 미디어를 만드는 데 힘을 보태 봐

 텔레비전을 켜면 아침, 점심, 저녁으로 뉴스가 나와. 아예 하루 종일 뉴스만 내보내는 채널도 있어.

 뉴스를 만들기 위해서는 아주 많은 사람의 힘이 필요해. 뉴스를 전달하는 아나운서, 사건이 벌어진 곳을 발로 뛰며 취재하는 기자, 실감 나는 영상을 찍는 카메라 기자, 문제없이 방송이 나가도록 방송 기기를 다루고 관리하는 엔지니어 등 수많은 사람들이 함께 뉴스를 만들고 있지.

 그런데 너도 뉴스를 만드는 데 참여할 수 있다는 거, 아니?

 기자는 사건이 있는 곳이라면 어디든 달려가지. 하지만 언제, 어디서, 어떤 사건이 벌어질지는 아무도 몰라. 그런데 마침 네가 사건 현장에 있다면 어떨까?

 요즘은 기술이 발달해서 휴대 전화로도 얼마든지 사진과 동영상을 찍을 수 있어. 그 사진과 동영상을 방송국이나 신문사에 보내면, 너도 뉴스를 만드는 데 한몫할 수 있어. 네가 찍은 영상이나 사진이 뉴스에 나오면 엄청 감격스러울걸.

또 방송사 홈페이지에 뉴스에 대한 의견을 남기거나, 어떤 사건을 뉴스로 다루어 달라고 요청할 수도 있어. 이렇게 뉴스에 적극적으로 참여하는 사람이 늘어나면 미디어는 더욱 책임감을 갖고 공정한 보도를 하기 위해 노력하게 될 거야.

## 너만의 미디어를 만들어 봐

　방송사나 신문사에 의견을 내거나 사진이나 동영상을 보내는 것 외에, 스스로 미디어를 운영할 수도 있어. 네가 한 미디어의 취재 기자이자 촬영 기자가 되는 거야.

　혼자서 어떻게 그걸 다 하느냐고? 겁먹지 마. 이미 너나 네 친구들도 미디어를 운영하고 있을지도 몰라. 블로그(blog)나 에스엔에스(SNS), 유튜브 같은 것 말이야.

　블로그는 영어 '웹(web)'에서 따온 알파벳 'b'와 항해 일지를 뜻하는 영어 '로그(log)'가 합쳐진 말이야. '웹에 기록하는 일지'라는 말처럼, 최근 들어 많은 사람들이 블로그에 개인적인 관심사뿐 아니라 다양한 사회 문제에 대한 자신의 생각과 의견을 표현하고 있어. 글, 사진, 동영상 같은 자료와 함께 말이야.

　에스엔에스는 영어 '소셜 네트워크 서비스(Social Network Service)'의 약자야. 트위터, 페이스북, 인스타그램, 틱톡 등 에스엔에스는 그 어떤 미디어보다 소식을 빠르게 전파해. 그래서 자칫 잘못된 정보가 퍼지면 사회적으로 큰 문제가 되기도 하지.

블로그와 에스엔에스 같은 1인 미디어는 더 많은 사람들이 사회 문제에 관심을 갖고 참여하는 계기가 되었어. 하지만 누구나 글을 올리다 보니 근거 없는 이야기나, 한쪽에 치우친 객관적이지 못한 정보가 많아지는 문제점도 있어.

## 인터넷을 영리하게 활용하는 법

인터넷은 신문, 잡지, 라디오, 텔레비전과는 완전히 다른 새로운 미디어야. 인터넷이 생겨난 후로 사람들은 시간과 장소에 얽매이지 않고 의사소통을 할 수 있게 되었어. 또 미디어가 주는 정보를 그냥 받아 보는 대신, 스스로 원하는 정보를 찾아 이용하게 되었지. 홈페이지나 블로그, 에스엔에스나 유튜브를 통해 자신이 가진 정보와 지식을 다른 사람들과 나누고, 의견을 교환하며, 자신의 주장을 펼치게 된 거야. 또 지식과 정보뿐 아니라 자신의 취향이나 개성을 드러내는 통로가 되기도 해.

인터넷은 다양한 여론이 만들어지는 데도 큰 영향력을 발휘하고 있어. 예전에는 텔레비전이나 신문 등에서 어떤 주제를 다루어야만 그에 대한 여론이 만들어졌어. 하지만 이제는 인터넷의 영향력도 텔레비전과 신문 못지않아. 인터넷을 이용하는 사람들이 워낙 많은 데다 반응도 빠르고 활발하기 때문에 오히려 인터넷에서 먼저 여론이 형성될 때도 많아.

글쓰기, 노래, 춤, 요리 같은 취미부터 복잡한 정치 문제까지, 사람들은 인터넷에서 서로 소통하며 사회에 다양한 영향을 미치고 있어. 여러 사람이 머리를 맞대면 어려운 일도 쉽게 해결할 수 있는 법! 인터넷이라는 새로운 미디어를 잘 활용하면 더 나은 세상을 만들 수 있지 않을까?

## 더 나은 삶을 위한 미디어

　사람들은 의사소통을 더 편리하게, 더 빠르게, 더 잘하기 위해 다양한 미디어를 만들고 발전시켜 왔어. 하지만 최근에는 미디어의 편리함을 강조하느라, 본래의 목적과 뜻이 희미해져 버린 것 같아.

　미디어는 의사소통을 위한 도구야. 사람들은 서로의 생각과 마음을 나누기 위해 미디어를 만들었어. 그런데 인터넷을 하느라 정작 곁에 있는 가족이나 친구의 이야기를 흘려듣거나, 에스엔에스나 유튜브의 방문객 수를 늘리기 위해 자극적인 이야기를 지어낸다면 문제가 되지 않겠어? 그릇은 멋지고 커졌는데, 그 안에 든 음식물은 보잘것없는 경우와 뭐가 달라?

우리가 의사소통을 하는 이유는 서로를 더 깊이 이해하기 위해서야. 함께 배우고 고민하고 문제를 해결하기 위해 의사소통을 하는 거지. 그러니까 미디어의 편리함과 재미에만 빠져서 우리가 진짜 관심을 가져야 할 문제는 나 몰라라 해서는 안 돼.

지금부터라도 모두가 함께 행복해지기 위한 의사소통을 시작하자. 의사소통을 하는 과정은 간편해져도, 그 안에 담긴 진심은 홀쭉해지지 않도록!

## 더 알아보기

 **어디에서 내 생각을 표현해 볼까?**

블로그, 트위터, 페이스북, 인스타그램, 유튜브 등이 인기를 끌면서 1인 미디어 시대가 열렸어. 스마트폰, 무선 인터넷 등을 이용하여 누구나 정보를 만들어 내고 자유롭게 자기 의견을 표현할 수 있게 된 거야. 1인 미디어는 댓글, 리트윗, 좋아요 같은 기능을 활용해 여론을 빠르게 형성하고 전파하는 특징 때문에 정치, 경제, 사회, 문화 등 우리 생활 전반에 큰 영향을 미치고 있어. 여러 1인 미디어의 특징을 살펴보고 어떤 경우에 무엇을 사용하면 좋을지 생각해 보자.

### 관심사가 비슷한 사람들이 모이는 블로그

다음, 네이버 등에서 제공하는 블로그는 게시판 형태로 되어 있고 글이나 사진 등을 길이에 상관없이 올릴 수 있어서 복잡한 내용을 다루기에 좋아. 블로그는 주로 관심 키워드를 검색하다가 들어오는 경우가 많아서, 비슷한 관심사와 취미를 가진 사람들이 모이는 것이 특징이야.

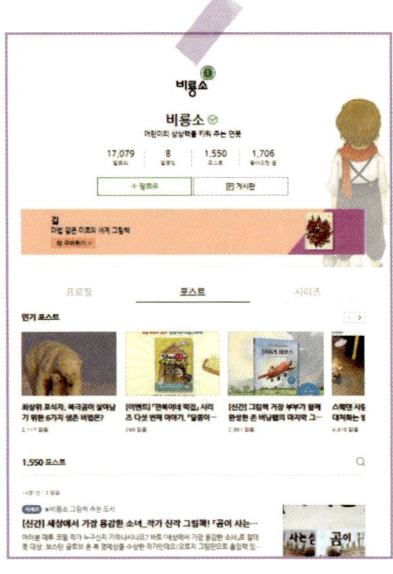

출판사에서 운영하는 블로그야. 작가와 독자, 출판사가 책에 대한 정보뿐 아니라 제작 뒷이야기, 각종 이벤트를 공유하고 있어.

### 누구나 친구가 될 수 있는 에스엔에스

트위터, 페이스북, 인스타그램, 틱톡 같은 에스엔에스는 주로 짧은 글을 주고받는 데 사용돼. 블로그에는 주제에 맞거나 의미 있는 글을 올려야 한다는 부담감이 있는 데 비해, 에스엔에스에서는 일상 속 생각이나 느낌, 소식 등을 가볍게 나눌 수 있어. 에스엔에스마다 각기 특징이 다르기 때문에 내게 잘 맞는 것을 찾아서 활용하면 돼. 트위터는 짧은 글로 소식과 생각을 빨리 전달할 수 있고, 페이스북에서는 비교적 길고 논리적인 글을 공유할 수 있어. 그리고 인스타그램은 사진, 틱톡은 1분 이내의 짧은 영상을 올리기에 좋아.

### 동영상에 강한 유시시(UCC)

유시시는 영어 'User Created Contents'의 머리글자를 딴 말이야. 사용자가 직접 내용물을 만들어 낸다는 뜻이지. 즉 넓게 보면 블로그, 에스엔에스 등에 네가 직접 만들어 올리는 걸 다 유시시라고 할 수 있어. 실제로는 유튜브처럼 동영상 위주의 내용물을 일컬을 때가 더 많지만 말이야. 이제 스마트폰 하나로 동영상 촬영, 편집, 업로드까지 할 수 있게 되었으니 실감 나는 영상으로 다른 사람들과 의사소통을 하고 싶다면 유시시를 이용해 봐.

가수 싸이의 노래 '강남 스타일'의 뮤직비디오는 2012년 유튜브 역사상 처음으로 조회 수 10억 회를 넘었어. 유튜브에서 인기를 얻은 싸이는 우리나라를 넘어 세계적인 가수로 자리 잡았지. 조회 수가 계속해서 쌓여서 2021년에는 40억 회가 넘었어.

## ★ 알쏭달쏭 낱말 사전

### 뉴스

사람들에게 잘 알려지지 않은 새로운 소식 또는 그 소식을 전해 주는 방송 프로그램을 말해요. 많은 사람들이 알고 있는 것과 다른 새로운 정보, 색다르고 별난 사건, 사회적으로 중요한 문제 등을 다루어요.

기자가 뉴스를 보도하고 있어요. 매스 미디어의 뉴스 보도는 '누가, 언제, 어디서, 무엇을, 어떻게, 왜'의 여섯 가지 원칙을 기본으로 갖추어야 해요.

### 여론

사회에 어떤 문제가 일어나면, 여러 국민들의 생각과 의견이 모여 여론이 만들어져요. 민주주의 사회에서 여론은 무척 중요해요. 국민들의 의견이 여론을 통해 나타나기 때문이지요. 여론은 언론이나 정당, 이익 집단, 선거를 통해 정부에 전달되어 정치에도 큰 영향을 미쳐요. 하지만 여론이 언제나 옳은 것은 아니에요. 많은 국민들이 잘못된 생각을 할 수도 있고, 여론을 조사하는 방법이 잘못될 수도 있거든요. 따라서 여론을 무조건 믿고 따르기보다는 비판적으로 바라보는 눈을 키워야 해요.

국민은 언론을 통해 정보를 얻고 자기 의견을 나타내요. 힘 있는 여론이 만들어지려면 언론이 제 역할을 잘 해내야 해요.

## 유튜브

세계 최대의 동영상 사이트(www.youtube.com)예요. 전 세계의 네티즌들이 동영상을 만들어 올리고 공유하지요. 유튜브의 동영상 콘텐츠는 무척 다양해요. 영화, 텔레비전 프로그램, 뮤직 비디오 외에 아마추어들이 직접 촬영하고 편집한 동영상도 많아요. 시간에 얽매이지 않고 언제든 보고 싶은 콘텐츠를 찾아서 볼 수 있다는 장점 때문에 요즘에는 방송사 프로그램도 유튜브에 많이 올라와요.

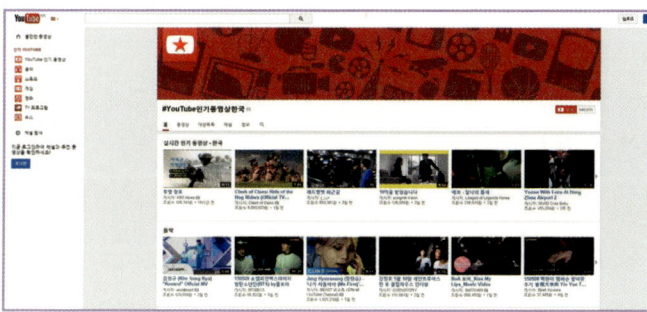

유튜브의 가장 큰 특징은 사람들이 직접 동영상을 만들어 올리고 공유한다는 점이에요. 미국의 시사 주간지 《타임》은 유튜브를 '2006년 최고의 발명품'으로 꼽기도 했어요.

## 웹

동영상이나 음성 등 각종 멀티미디어를 이용하는 인터넷을 이르는 말이에요. 월드 와이드 웹(World Wide Web)이라고도 하며, 보통 머리글자를 따서 'www'로 써요. 영어 웹(web)의 원래 의미는 '거미집'인데 인터넷에 존재하는 수많은 사이트들과 데이터, 정보들이 서로 거미줄처럼 연결되어 있다는 뜻에서 그런 이름이 붙었어요.

웹 자료를 보기 위한 프로그램을 웹 브라우저라고 해요. 구글의 '크롬', 애플에서 개발한 '사파리', 가장 역사가 긴 '파이어폭스' 등이 대표적인 웹 브라우저들이에요.

## ★ 도전! 퀴즈 왕

자음만 보고 알맞은 단어를 맞혀 보세요.

1. 요즘은 다양한 방법으로 ㄴㅅ를 만드는 데 참여할 수 있어요. 방송국이나 신문사에 직접 찍은 사진과 동영상을 보내거나, 인터넷을 통해 자기 의견을 말할 수도 있지요.

   ㄴㅅ
   -----

2. 블로그와 에스엔에스 같은 1인 ㅁㄷㅇ는 더 많은 사람들이 사회 문제에 관심을 갖고 참여하는 계기가 되었어요.

   ㅁㄷㅇ
   -----

3. ㅇㅌㄴ이 생겨난 후로 사람들은 미디어가 주는 정보를 그냥 받아 보는 대신, 스스로 원하는 정보를 찾고 이용할 수 있게 되었어요.

   ㅇㅌㄴ
   -----

4. 예전에는 텔레비전이나 신문 등에서 어떤 주제를 다루어야 ㅇㄹ이 만들어졌어요. 하지만 이제는 인터넷이 큰 영향력을 발휘하고 있어요.

   ㅇㄹ
   -----

정답: 1. 뉴스 2. 미디어 3. 인터넷 4. 여론

•사진 제공_ 연합뉴스, Mozilla, YouTube, Wikipedia

## 글쓴이 **신혜진**

서강 대학교에서 신문 방송학과 국어 국문학을 공부했다. 졸업 후 글을 통해 세상과 소통하고 싶다는 생각에 출판사 편집자로 일했다. 어린이 책부터 인문, 소설에 이르기까지 다양한 책을 만들었고, 지금도 여전히 활자 속을 거닐고 있다. 지은 책으로 『사회는 쉽다 11 성 역할과 성 평등』 등이 있다.

## 그린이 **하민석**

어렸을 때부터 그림 그리는 것을 좋아해서 만화가가 되었다. 어린이 잡지 《콩나무》, 《개똥이네 놀이터》, 《고래가 그랬어》에 장편 만화를 연재했다. 쓰고 그린 책으로 『안녕, 전우치?』, 『도깨비가 훔쳐 간 옛이야기』, 『이상한 마을에 놀러 오세요!』, 『탐정 칸의 대단한 모험』 등이 있고, 그린 책으로 『후룩북 : 고양이 탐정 냥보』, 『생쥐 볼프강 아마데우스』 등이 있다.

---

9 의사소통과 미디어

# 사회는 쉽다!

1판 1쇄 펴냄 2015년 6월 12일   1판 6쇄 펴냄 2021년 5월 27일
2판 1쇄 펴냄 2022년 4월 20일   2판 3쇄 펴냄 2023년 11월 22일
글 신혜진 그림 하민석
**펴낸이** 박상희 **편집장** 전지선 **편집** 오혜환 **디자인** 정상철, 정경아
**펴낸곳** (주)비룡소 출판등록 1994. 3. 17(제16-849호)
주소 06027 서울시 강남구 도산대로1길 62 강남출판문화센터 4층
전화 02)515-2000 팩스 02)515-2007 홈페이지 www.bir.co.kr
**제품명** 어린이용 반양장 도서 **제조자명** (주)비룡소 **제조국명** 대한민국 **사용연령** 3세 이상

© 신혜진, 하민석 2015. Printed in Seoul, Korea.

ISBN 978-89-491-2509-1 74300/ 978-89-491-2500-8(세트)